中华经典
诵读本
第一辑

千家詩
神童詩 續神童詩

简体横排
大字注音
全本收录

谦德书院〇编

团结出版社
UNITY PRESS

© 团结出版社，2024 年

图书在版编目（ＣＩＰ）数据

中华经典诵读本 . 第一辑 / 谦德书院编 . — 北京：
团结出版社 , 2024. 11. — ISBN 978-7-5234-1194-0

Ⅰ . K203-49

中国国家版本馆 CIP 数据核字第 20249Z01J3 号

责任编辑：王思柠
封面设计：萧宇岐

出　版：团结出版社
　　　　（北京市东城区东皇城根南街 84 号　邮编：100006）
电　话：（010）65228880　65244790
网　址：http://www.tjpress.com
E-mail：zb65244790@vip.163.com
经　销：全国新华书店
印　装：天宇万达印刷有限公司

开　本：145mm×210mm　32 开
印　张：27　　　　　　　　字　数：350 千字
版　次：2024 年 11 月 第 1 版　印　次：2024 年 11 月 第 1 次印刷

书　号：978-7-5234-1194-0
定　价：180.00 元（全九册）
　　　　（版权所属，盗版必究）

出版说明

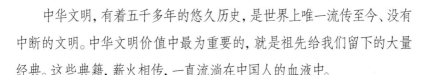

中华文明，有着五千多年的悠久历史，是世界上唯一流传至今、没有中断的文明。中华文明价值中最为重要的，就是祖先给我们留下的大量经典。这些典籍，薪火相传，一直流淌在中国人的血液中。

近年来，由于全社会对于弘扬中华优秀传统文化的高度重视，在大量志士仁人的努力推动下，中华传统文化逐渐迎来了复兴的春天。在此背景下，我们编辑出版了这一套《中华经典诵读本》，旨在弘扬中华优秀传统文化，延续传统，推动读经教育的普及。

本套读本采用简体、大字、横排、注音的形式，选择经典若干种，陆续分辑出版。采用简体横排，旨在顺应现代读者的阅读习惯。

大字，旨在方便儿童认识汉字，减少视觉疲劳。注音采用汉语拼音，旨在保证初学者读音准确。整套读本的经文底本和注音均参考历代注疏和诸家版本，严加校正，以求最善。

这套书不仅适合广大少年儿童作为读经教材，即便是成年人，读诵这些经典，也是大有益处的。古人云："旧书不厌百回读。"我们期待着，这些典籍能够家弦户诵,朗朗的读书声能传遍中华大地,让古老的中华文明,重新焕发出新的活力。

目　录

目　录

五

目录

九

千家诗

扫一扫　听诵读

juàn yī wǔ jué
卷一 五绝

chūn mián
春 眠

mèng hào rán
孟 浩然

chūn mián bù jué xiǎo　　chù chù wén tí niǎo
春眠不觉晓，处处闻啼鸟。

yè lái fēng yǔ shēng　　huā luò zhī duō shǎo
夜来风雨声，花落知多少。

fǎng yuán shí yí bú yù
访袁拾遗不遇

mèng hào rán
孟 浩然

luò yáng fǎng cái zǐ　　jiāng lǐng zuò liú rén
洛阳访才子，江岭作流人。

wén shuō méi huā zǎo　　hé rú cǐ dì chūn
闻说梅花早，何如此地春。

送郭司仓
sòng guō sī cāng

王　昌　龄
wáng chāng líng

映门淮水绿，留骑主人心。
yìng mén huái shuǐ lǜ　liú jì zhǔ rén xīn

明月随良掾，春潮夜夜深。
míng yuè suí liáng yuàn　chūn cháo yè yè shēn

洛阳道
luò yáng dào

储　光　羲
chǔ guāng xī

大道直如发，春日佳气多。
dà dào zhí rú fà　chūn rì jiā qì duō

五陵贵公子，双双鸣玉珂。
wǔ líng guì gōng zǐ　shuāng shuāng míng yù kē

独坐敬亭山
dú zuò jìng tíng shān

李　白
lǐ bái

众鸟高飞尽，孤云独去闲。
zhòng niǎo gāo fēi jìn　gū yún dú qù xián

相看两不厌，只有敬亭山。
xiāng kàn liǎng bú yàn　zhǐ yǒu jìng tíng shān

登鹳鹊楼
dēng guàn què lóu

王 之 涣
wáng zhī huàn

白日依山尽，黄河入海流。
bái rì yī shān jìn　　huáng hé rù hǎi liú

欲穷千里目，更上一层楼。
yù qióng qiān lǐ mù　　gèng shàng yì céng lóu

观永乐公主入蕃
guān yǒng lè gōng zhǔ rù fān

孙 逖
sūn tì

边地莺花少，年来未觉新。
biān dì yīng huā shǎo　　nián lái wèi jué xīn

美人天上落，龙塞始应春。
měi rén tiān shàng luò　　lóng sài shǐ yīng chūn

春 怨
chūn yuàn

金昌绪
jīn chāng xù

打起黄莺儿，莫教枝上啼。
dǎ qǐ huáng yīng ér　　mò jiào zhī shàng tí

啼时惊妾梦，不得到辽西。
tí shí jīng qiè mèng　　bù dé dào liáo xī

zuǒ yè lí huā
左掖梨花

qiū wéi
丘 为

lěng yàn quán qī xuě　　yú xiāng zhà rù yī
冷艳全欺雪，余香乍入衣。

chūn fēng qiě mò dìng　　chuī xiàng yù jiē fēi
春风且莫定，吹向玉阶飞。

sī jūn ēn
思君恩

líng hú chǔ
令狐楚

xiǎo yuàn yīng gē xiē　　cháng mén dié wǔ duō
小苑莺歌歇，长门蝶舞多。

yǎn kàn chūn yòu qù　　cuì niǎn bù céng guò
眼看春又去，翠辇不曾过。

tí yuán shì bié yè
题袁氏别业

hè zhī zhāng
贺知章

zhǔ rén bù xiāng shí　　ǒu zuò wèi lín quán
主人不相识，偶坐为林泉。

mò màn chóu gū jiǔ　　náng zhōng zì yǒu qián
莫谩愁沽酒，囊中自有钱。

yè sòng zhào zòng
夜送赵纵

yáng jiǒng
杨 炯

zhào shì lián chéng bì　　yóu lái tiān xià chuán
赵氏连城璧，由来天下传。

sòng jūn huán jiù fǔ　　míng yuè mǎn qián chuān
送君还旧府，明月满前川。

zhú lǐ guǎn
竹里馆

wáng wéi
王 维

dú zuò yōu huáng lǐ　　tán qín fù cháng xiào
独坐幽篁里，弹琴复长啸。

shēn lín rén bù zhī　　míng yuè lái xiāng zhào
深林人不知，明月来相照。

sòng zhū dà rù qín
送朱大入秦

mèng hào rán
孟 浩然

yóu rén wǔ líng qù　　bǎo jiàn zhí qiān jīn
游人五陵去，宝剑值千金。

fēn shǒu tuō xiāng zèng　　píng shēng yí piàn xīn
分手脱相赠，平生一片心。

cháng gān xíng
长干行

cuī hào
崔颢

jūn jiā hé chù zhù　　qiè zhù zài héng táng
君家何处住，妾住在横塘。

tíng chuán zàn jiè wèn　　huò kǒng shì tóng xiāng
停船暂借问，或恐是同乡。

yǒng shǐ
咏史

gāo shì
高适

shàng yǒu tì páo zèng　　yīng lián fàn shū hán
尚有绨袍赠，应怜范叔寒。

bù zhī tiān xià shì　　yóu zuò bù yī kàn
不知天下士，犹作布衣看。

bà xiàng zuò
罢相作

lǐ shì zhī
李适之

bì xián chū bà xiàng　　lè shèng qiě xián bēi
避贤初罢相，乐圣且衔杯。

wèi wèn mén qián kè　　jīn zhāo jǐ gè lái
为问门前客，今朝几个来。

逢侠者
钱 起

燕赵悲歌士，相逢剧孟家。
寸心言不尽，前路日将斜。

江行望匡庐
钱 起

咫尺愁风雨，匡庐不可登。
只疑云雾窟，犹有六朝僧。

答李浣
韦应物

林中观易罢，溪上对鸥闲。
楚俗饶词客，何人最往还。

qiū fēng yǐn
秋风引

liú yǔ xī
刘禹锡

hé chù qiū fēng zhì　　xiāo xiāo sòng yàn qún
何处秋风至，萧萧送雁群。

zhāo lái rù tíng shù　　gū kè zuì xiān wén
朝来入庭树，孤客最先闻。

qiū yè jì qiū yuán wài
秋夜寄丘员外

wéi yīng wù
韦应物

huái jūn shǔ qiū yè　　sàn bù yǒng liáng tiān
怀君属秋夜，散步咏凉天。

shān kōng sōng zǐ luò　　yōu rén yīng wèi mián
山空松子落，幽人应未眠。

qiū rì
秋日

gěng wéi
耿湋

fǎn zhào rù lǘ xiàng　　yōu lái shuí gòng yǔ
返照入闾巷，忧来谁共语。

gǔ dào shǎo rén xíng　　qiū fēng dòng hé shǔ
古道少人行，秋风动禾黍。

秋日湖上
薛莹

落日五湖游，烟波处处愁。
浮沉千古事，谁与问东流。

宫中题
李昂

辇路生秋草，上林花满枝。
凭高何限意，无复侍臣知。

汾上惊秋
苏颋

北风吹白云，万里渡河汾。
心绪逢摇落，秋声不可闻。

寻隐者不遇
贾岛

松下问童子，言师采药去。

只在此山中，云深不知处。

蜀道后期
张说

客心争日月，来往预期程。

秋风不相待，先至洛阳城。

静夜思
李白

床前明月光，疑是地上霜。

举头望明月，低头思故乡。

秋浦歌

李　白

白发三千丈，缘愁似个长。

不知明镜里，何处得秋霜。

赠乔侍御

陈子昂

汉廷荣巧宦，云阁薄边功。

可怜骢马使，白首为谁雄。

答武陵太守

王　昌龄

仗剑行千里，微躯敢一言。

曾为大梁客，不负信陵恩。

xíng jūn jiǔ rì sī cháng ān gù yuán
行军九日思长安故园

cén shēn
岑 参

qiáng yù dēng gāo qù　　wú rén sòng jiǔ lái
强欲登高去，无人送酒来。

yáo lián gù yuán jú　　yīng bàng zhàn chǎng kāi
遥怜故园菊，应傍战场开。

jié yú yuàn
婕妤怨

huáng fǔ rǎn
皇 甫冉

huā zhī chū jiàn zhāng　　fèng guǎn fā zhāo yáng
花枝出建章，凤管发昭阳。

jiè wèn chéng ēn zhě　　shuāng é jǐ xǔ cháng
借问承恩者，双蛾几许长。

tí zhú lín sì
题竹林寺

zhū fàng
朱 放

suì yuè rén jiān cù　　yān xiá cǐ dì duō
岁月人间促，烟霞此地多。

yīn qín zhú lín sì　　gèng dé jǐ huí guò
殷勤竹林寺，更得几回过。

三闾庙

戴叔伦

沅湘流不尽，屈子怨何深。

日暮秋风起，萧萧枫树林。

易水送别

骆宾王

此地别燕丹，壮士发冲冠。

昔时人已没，今日水犹寒。

别卢秦卿

司空曙

知有前期在，难分此夜中。

无将故人酒，不及石尤风。

答人 dá rén

太上隐者 tài shàng yǐn zhě

偶来松树下，高枕石头眠。
ǒu lái sōng shù xià　gāo zhěn shí tóu mián

山中无历日，寒尽不知年。
shān zhōng wú lì rì　hán jìn bù zhī nián

卷二　五律
juàn èr wǔ lù

幸蜀回至剑门
xìng shǔ huí zhì jiàn mén

李隆基
lǐ lóng jī

剑阁横云峻，銮舆出狩回。
jiàn gé héng yún jùn　　luán yú chū shòu huí

翠屏千仞合，丹嶂五丁开。
cuì píng qiān rèn hé　　dān zhàng wǔ dīng kāi

灌木萦旗转，仙云拂马来。
guàn mù yíng qí zhuǎn　　xiān yún fú mǎ lái

乘时方在德，嗟尔勒铭才。
chéng shí fāng zài dé　　jiē ěr lè míng cái

和晋陵陆丞早春游望
hè jìn líng lù chéng zǎo chūn yóu wàng

杜审言
dù shěnyán

独有宦游人，偏惊物候新。
dú yǒu huàn yóu rén　　piān jīng wù hòu xīn

云霞出海曙，梅柳渡江春。
yún xiá chū hǎi shǔ　　méi liǔ dù jiāng chūn

shū qì cuī huáng niǎo　　qíng guāng zhuǎn lù píng
淑气催黄鸟，晴光转绿苹。

hū wén gē gǔ diào　　guī sī yù zhān jīn
忽闻歌古调，归思欲沾巾。

péng lái sān diàn shì yàn fèng chì yǒng zhōng nán shān
蓬莱三殿侍宴奉敕咏终南山
dù shěn yán
杜审言

běi dǒu guà chéng biān　　nán shān yǐ diàn qián
北斗挂城边，南山倚殿前。

yún biāo jīn què jiǒng　　shù miǎo yù táng xuán
云标金阙迥，树杪玉堂悬。

bàn lǐng tōng jiā qì　　zhōng fēng rào ruì yān
半岭通佳气，中峰绕瑞烟。

xiǎo chén chí xiàn shòu　　cháng cǐ dài yáo tiān
小臣持献寿，长此戴尧天。

chūn yè bié yǒu rén
春夜别友人
chén zǐ áng
陈子昂

yín zhú tǔ qīng yān　　jīn zūn duì qǐ yán
银烛吐清烟，金尊对绮筵。

lí táng sī qín sè　　bié lù rào shān chuān
离堂思琴瑟，别路绕山川。

míng yuè yǐn gāo shù　　cháng hé mò xiǎo tiān
明月隐高树，长河没晓天。

yōu yōu luò yáng qù　　cǐ huì zài hé nián
悠悠洛阳去，此会在何年。

cháng níng gōng zhǔ dōng zhuāng shì yàn
长宁公主东庄侍宴

lǐ　qiáo
李　峤

bié yè lín qīng diàn　　míng luán jiàng zǐ xiāo
别业临青甸，鸣銮降紫霄。

cháng yán yuān lù jí　　xiān guǎn fèng huáng diào
长筵鹓鹭集，仙管凤凰调。

shù jiē nán shān jìn　　yān hán běi zhǔ yáo
树接南山近，烟含北渚遥。

chéng ēn xián yǐ zuì　　liàn shǎng wèi huán biāo
承恩咸已醉，恋赏未还镳。

ēn cì lì zhèng diàn shū yuàn cì yàn yìng zhì dé lín zì
恩赐丽正殿书院赐宴应制得林字

zhāng yuè
张　说

dōng bì tú shū fǔ　　xī yuán hàn mò lín
东壁图书府，西园翰墨林。

sòng shī wén guó zhèng　　jiǎng yì jiàn tiān xīn
诵诗闻国政，讲易见天心。

wèi qiè hé gēng zhòng　　ēn dāo zuì jiǔ shēn
位窃和羹重，恩叨醉酒深。

zài gē chūn xìng qū　　qíng jié wèi zhī yīn
载歌春兴曲，情竭为知音。

sòng yǒu rén
送友人

lǐ bái
李 白

qīng shān héng běi guō　　bái shuǐ rào dōng chéng
青山横北郭，白水绕东城。

cǐ dì yì wéi bié　　gū péng wàn lǐ zhēng
此地一为别，孤蓬万里征。

fú yún yóu zǐ yì　　luò rì gù rén qíng
浮云游子意，落日故人情。

huī shǒu zì zī qù　　xiāo xiāo bān mǎ míng
挥手自兹去，萧萧斑马鸣。

sòng yǒu rén rù shǔ
送友人入蜀

lǐ bái
李 白

jiàn shuō cán cóng lù　　qí qū bú yì xíng
见说蚕丛路，崎岖不易行。

shān cóng rén miàn qǐ　　yún bàng mǎ tóu shēng
山从人面起，云傍马头生。

fāng shù lǒng qín zhàn　　chūn liú rào shǔ chéng
芳树笼秦栈，春流绕蜀城。

shēng chén yīng yǐ dìng　　bú bì wèn jūn píng
升沉应已定，不必问君平。

次北固山下
王湾

客路青山外，行舟绿水前。

潮平两岸阔，风正一帆悬。

海日生残夜，江春入旧年。

乡书何由达，归雁洛阳边。

苏氏别业
祖咏

别业居幽处，到来生隐心。

南山当户牖，澧水映园林。

竹覆经冬雪，庭昏未夕阴。

寥寥人境外，闲坐听春禽。

春宿左省

杜甫

花隐掖垣暮，啾啾栖鸟过。

星临万户动，月傍九霄多。

不寝听金钥，因风想玉珂。

明朝有封事，数问夜如何。

题玄武禅师屋壁

杜甫

何年顾虎头，满壁画沧州。

赤日石林气，青天江海流。

锡飞常近鹤，杯渡不惊鸥。

似得庐山路，真随惠远游。

终南山 (zhōng nán shān)

王维 (wáng wéi)

太乙近天都，连山到海隅。
tài yǐ jìn tiān dū，lián shān dào hǎi yú

白云回望合，青霭入看无。
bái yún huí wàng hé，qīng ǎi rù kàn wú

分野中峰变，阴晴众壑殊。
fēn yě zhōng fēng biàn，yīn qíng zhòng hè shū

欲投人处宿，隔水问樵夫。
yù tóu rén chù sù，gé shuǐ wèn qiáo fū

登总持阁 (dēng zǒng chí gé)

岑参 (cén shēn)

高阁逼诸天，登临近日边。
gāo gé bī zhū tiān，dēng lín jìn rì biān

晴开万井树，愁看五陵烟。
qíng kāi wàn jǐng shù，chóu kàn wǔ líng yān

槛外低秦岭，窗中小渭川。
kǎn wài dī qín lǐng，chuāng zhōng xiǎo wèi chuān

早知清净理，常愿奉金仙。
zǎo zhī qīng jìng lǐ，cháng yuàn fèng jīn xiān

jì zuǒ shěng dù shí yí

寄左省杜拾遗

cén shēn

岑 参

lián bù qū dān bì　　fēn cáo xiàn zǐ wēi

联步趋丹陛，分曹限紫薇。

xiǎo suí tiān zhàng rù　　mù rě yù xiāng guī

晓随天仗入，暮惹御香归。

bái fà bēi huā luò　　qīng yún xiàn niǎo fēi

白发悲花落，青云羡鸟飞。

shèng cháo wú quē shì　　zì jué jiàn shū xī

圣朝无阙事，自觉谏书稀。

dēng yǎn zhōu chéng lóu

登兖州城楼

dù fǔ

杜 甫

dōng jùn qū tíng rì　　nán lóu zòng mù chū

东郡趋庭日，南楼纵目初。

fú yún lián hǎi dài　　píng yě rù qīng xú

浮云连海岱，平野入青徐。

gū zhàng qín bēi zài　　huāng chéng lǔ diàn yú

孤嶂秦碑在，荒城鲁殿余。

cóng lái duō gǔ yì　　lín tiào dú chóu chú

从来多古意，临眺独踌躇。

sòng dù shào fǔ zhī rèn shǔ zhōu
送杜少府之任蜀州

wáng bó
王 勃

chéng què fǔ sān qín　　fēng yān wàng wǔ jīn
城阙辅三秦，风烟望五津。

yǔ jūn lí bié yì　　tóng shì huàn yóu rén
与君离别意，同是宦游人。

hǎi nèi cún zhī jǐ　　tiān yá ruò bǐ lín
海内存知己，天涯若比邻。

wú wéi zài qí lù　　ér nǚ gòng zhān jīn
无为在歧路，儿女共沾巾。

sòng cuī róng
送崔融

dù shěnyán
杜审言

jūn wáng xíng chū jiàng　　shū jì yuǎn cóng zhēng
君王行出将，书记远从征。

zǔ zhàng lián hé quē　　jūn huī dòng luò chéng
祖帐连河阙，军麾动洛城。

jīng qí zhāo shuò qì　　jiā chuī yè biān shēng
雄旗朝朔气，笳吹夜边声。

zuò jué yān chén sǎo　　qiū fēng gǔ běi píng
坐觉烟尘扫，秋风古北平。

扈从登封途中作
宋之问

帐殿郁崔嵬，仙游实壮哉。

晓云连幕卷，夜火杂星回。

谷暗千旗出，山鸣万乘来。

扈从良可赋，终乏揽天才。

题义公禅房
孟 浩然

义公习禅寂，结宇依空林。

户外一峰秀，阶前众壑深。

夕阳连雨足，空翠落庭阴。

看取莲花净，方知不染心。

醉后赠张九旭

zuì hòu zèng zhāng jiǔ xù

高 适
gāo shì

世上漫相识，此翁殊不然。
shì shàng màn xiāng shí　　cǐ wēng shū bù rán

兴来书自圣，醉后语尤颠。
xìng lái shū zì shèng　　zuì hòu yǔ yóu diān

白发老闲事，青云在目前。
bái fà lǎo xián shì　　qīng yún zài mù qián

床头一壶酒，能更几回眠。
chuáng tóu yì hú jiǔ　　néng gèng jǐ huí mián

玉台观
yù tái guàn

杜 甫
dù fǔ

浩劫因王造，平台访古游。
hào jié yīn wáng zào　　píng tái fǎng gǔ yóu

彩云萧史驻，文字鲁恭留。
cǎi yún xiāo shǐ zhù　　wén zì lǔ gōng liú

宫阙通群帝，乾坤到十洲。
gōng què tōng qún dì　　qián kūn dào shí zhōu

人传有笙鹤，时过北山头。
rén chuán yǒu shēng hè　　shí guò běi shān tóu

观李固请司马弟山水图

杜甫

方丈浑连水，天台总映云。

人间长见画，老去恨空闻。

范蠡舟偏小，王乔鹤不群。

此生随万物，何处出尘氛。

旅夜书怀

杜甫

细草微风岸，危樯独夜舟。

星垂平野阔，月涌大江流。

名岂文章著，官因老病休。

飘飘何所似，天地一沙鸥。

dēng yuè yáng lóu
登岳阳楼

dù fǔ
杜 甫

xī wén dòng tíng shuǐ　　jīn shàng yuè yáng lóu
昔闻洞庭水，今上岳阳楼。

wú chǔ dōng nán chè　　qián kūn rì yè fú
吴楚东南坼，乾坤日夜浮。

qīn péng wú yī zì　　lǎo bìng yǒu gū zhōu
亲朋无一字，老病有孤舟。

róng mǎ guān shān běi　　píng xuān tì sì liú
戎马关山北，凭轩涕泗流。

jiāng nán lǚ qíng
江南旅情

zǔ yǒng
祖 咏

chǔ shān bù kě jí　　guī lù dàn xiāo tiáo
楚山不可极，归路但萧条。

hǎi sè qíng kàn yǔ　　jiāng shēng yè tīng cháo
海色晴看雨，江声夜听潮。

jiàn liú nán dǒu jìn　　shū jì běi fēng yáo
剑留南斗近，书寄北风遥。

wèi bào kōng tán jú　　wú méi jì luò qiáo
为报空潭橘，无媒寄洛桥。

宿龙兴寺
sù lóng xīng sì

綦毋潜
qí wú qián

香刹夜忘归，松清古殿扉。
xiāng chà yè wàng guī　　sōng qīng gǔ diàn fēi

灯明方丈室，珠系比丘衣。
dēng míng fāng zhàng shì　　zhū jì bǐ qiū yī

白日传心净，青莲喻法微。
bái rì chuán xīn jìng　　qīng lián yù fǎ wēi

天花落不尽，处处鸟衔飞。
tiān huā luò bú jìn　　chù chù niǎo xián fēi

破山寺后禅院
pò shān sì hòu chányuàn

常建
cháng jiàn

清晨入古寺，初日照高林。
qīng chén rù gǔ sì　　chū rì zhào gāo lín

曲径通幽处，禅房花木深。
qū jìng tōng yōu chù　　chán fáng huā mù shēn

山光悦鸟性，潭影空人心。
shān guāng yuè niǎo xìng　　tán yǐng kōng rén xīn

万籁此俱寂，惟闻钟磬音。
wàn lài cǐ jù jì　　wéi wén zhōng qìng yīn

题松汀驿

张祜

山色远含空，苍茫泽国东。

海明先见日，江白迥闻风。

鸟道高原去，人烟小径通。

那知旧遗逸，不在五湖中。

圣果寺

释处默

路自中峰上，盘回出薜萝。

到江吴地尽，隔岸越山多。

古木丛青霭，遥天浸白波。

下方城郭近，钟磬杂笙歌。

yě wàng
野 望

wáng jì
王 绩

dōng gāo bó mù wàng　　xǐ yǐ yù hé yī
东皋薄暮望，徙倚欲何依。

shù shù jiē qiū sè　　shān shān wéi luò huī
树树皆秋色，山山惟落晖。

mù rén qū dú fǎn　　liè mǎ dài qín guī
牧人驱犊返，猎马带禽归。

xiāng gù wú xiāng shí　　cháng gē huái cǎi wēi
相顾无相识，长歌怀采薇。

sòng bié cuī zhù zuò dōng zhēng
送别崔著作东征

chén zǐ áng
陈子昂

jīn tiān fāng sù shā　　bái lù shǐ zhuān zhēng
金天方肃杀，白露始专征。

wáng shī fēi lè zhàn　　zhī zǐ shèn jiā bīng
王师非乐战，之子慎佳兵。

hǎi qì qīn nán bù　　biān fēng sǎo běi píng
海气侵南部，边风扫北平。

mò mài lú lóng sài　　guī yāo lín gé míng
莫卖卢龙塞，归邀麟阁名。

携妓纳凉晚际遇雨 其一

杜甫

落日放船好，轻风生浪迟。

竹深留客处，荷净纳凉时。

公子调冰水，佳人雪藕丝。

片云头上黑，应是雨催诗。

携妓纳凉晚际遇雨 其二

杜甫

雨来沾席上，风急打船头。

越女红裙湿，燕姬翠黛愁。

缆侵堤柳系，幔卷浪花浮。

归路翻萧飒，陂塘五月秋。

宿云门阁寺
sù yún mén gé sì

sūn tì
孙 逖

xiāng gé dōng shān xià　　yān huā xiàng wài yōu
香阁东山下，烟花象外幽。

xuán dēng qiān zhàng xī　　juǎn màn wǔ hú qiū
悬灯千嶂夕，卷幔五湖秋。

huà bì yú hóng yàn　　shā chuāng sù dòu niú
画壁余鸿雁，纱窗宿斗牛。

gèng yí tiān lù jìn　　mèng yǔ bái yún yóu
更疑天路近，梦与白云游。

秋登宣城谢朓北楼
qiū dēng xuān chéng xiè tiǎo běi lóu

lǐ bái
李 白

jiāng chéng rú huà lǐ　　shān wǎn wàng qíng kōng
江城如画里，山晚望晴空。

liǎng shuǐ jiā míng jìng　　shuāng qiáo luò cǎi hóng
两水夹明镜，双桥落彩虹。

rén yān hán jú yòu　　qiū sè lǎo wú tóng
人烟寒橘柚，秋色老梧桐。

shuí niàn běi lóu shàng　　lín fēng huái xiè gōng
谁念北楼上，临风怀谢公。

lín dòng tíng
临洞庭

mèng hào rán
孟 浩然

bā yuè hú shuǐ píng　　hán xū hùn tài qīng
八月湖水平，涵虚混太清。

qì zhēng yún mèng zé　　bō hàn yuè yáng chéng
气蒸云梦泽，波撼岳阳城。

yù jì wú zhōu jí　　duān jū chǐ shèng míng
欲济无舟楫，端居耻圣明。

zuò guān chuí diào zhě　　tú yǒu xiàn yú qíng
坐观垂钓者，徒有羡鱼情。

guò xiāng jī sì
过香积寺

wáng wéi
王 维

bù zhī xiāng jī sì　　shù lǐ rù yún fēng
不知香积寺，数里入云峰。

gǔ mù wú rén jìng　　shēn shān hé chù zhōng
古木无人径，深山何处钟。

quán shēng yè wēi shí　　rì sè lěng qīng sōng
泉声咽危石，日色冷青松。

bó mù kōng tán qū　　ān chán zhì dú lóng
薄暮空潭曲，安禅制毒龙。

送郑侍御谪闽中

sòng zhèng shì yù zhé mǐn zhōng

高适
gāo shì

谪去君无恨，闽中我旧过。
zhé qù jūn wú hèn　　mǐn zhōng wǒ jiù guò

大都秋雁少，只是夜猿多。
dà dōu qiū yàn shǎo　　zhǐ shì yè yuán duō

东路云山合，南天瘴疠和。
dōng lù yún shān hé　　nán tiān zhàng lì hé

自当逢雨露，行矣慎风波。
zì dāng féng yǔ lù　　xíng yǐ shèn fēng bō

秦州杂诗

qín zhōu zá shī

杜甫
dù fǔ

凤林戈未息，鱼海路常难。
fèng lín gē wèi xī　　yú hǎi lù cháng nán

候火云峰峻，悬军幕井干。
hòu huǒ yún fēng jùn　　xuán jūn mù jǐng gān

风连西极动，月过北庭寒。
fēng lián xī jí dòng　　yuè guò běi tíng hán

故老思飞将，何时议筑坛。
gù lǎo sī fēi jiàng　　hé shí yì zhù tán

禹庙

杜甫

禹庙空山里，秋风落日斜。

荒庭垂橘柚，古屋画龙蛇。

云气生虚壁，江深走白沙。

早知乘四载，疏凿控三巴。

望秦川

李颀

秦川朝望迥，日出正东峰。

远近山河净，逶迤城阙重。

秋声万户竹，寒色五陵松。

客有归欤叹，凄其霜露浓。

同王征君洞庭有怀

张谓

八月洞庭秋，潇湘水北流。

还家万里梦，为客五更愁。

不用开书帙，偏宜上酒楼。

故人京洛满，何日复同游。

渡扬子江

丁仙芝

桂楫中流望，空波两畔明。

林开扬子驿，山出润州城。

海尽边阴静，江寒朔吹生。

更闻枫叶下，淅沥度秋声。

yōu zhōu yè yín
幽州夜吟

zhāng yuè
张 说

liáng fēng chuī yè yǔ xiāo sè dòng hán lín
凉风吹夜雨，萧瑟动寒林。

zhèng yǒu gāo táng yàn néng wàng chí mù xīn
正有高堂宴，能忘迟暮心。

jūn zhōng yí jiàn wǔ sài shàng zhòng jiā yīn
军中宜剑舞，塞上重笳音。

bú zuò biān chéng jiàng shuí zhī ēn yù shēn
不作边城将，谁知恩遇深。

卷三 七绝

春日偶成

程颢

云淡风轻近午天，傍花随柳过前川。

时人不识余心乐，将谓偷闲学少年。

春日

朱熹

胜日寻芳泗水滨，无边光景一时新。

等闲识得东风面，万紫千红总是春。

春宵

苏轼

春宵一刻值千金，花有清香月有阴。

歌管楼台声细细，秋千院落夜沉沉。

城东早春

杨巨源

诗家清景在新春，绿柳才黄半未匀。

若待上林花似锦，出门俱是看花人。

春夜

王安石

金炉香尽漏声残，剪剪轻风阵阵寒。

春色恼人眠不得，月移花影上栏杆。

chū chūn xiǎo yǔ
初春小雨

hán yù
韩 愈

tiān jiē xiǎo yǔ rùn rú sū　　cǎo sè yáo kàn jìn què wú
天街小雨润如酥，草色遥看近却无。

zuì shì yì nián chūn hǎo chù　　jué shèng yān liǔ mǎn huáng dū
最是一年春好处，绝胜烟柳满皇都。

yuán rì
元 日

wáng ān shí
王 安 石

bào zhú shēng zhōng yí suì chú　　chūn fēng sòng nuǎn rù tú sū
爆竹声中一岁除，春风送暖入屠苏。

qiān mén wàn hù tóng tóng rì　　zǒng bǎ xīn táo huàn jiù fú
千门万户瞳瞳日，总把新桃换旧符。

shàng yuán shì yàn
上元侍宴

sū shì
苏 轼

dàn yuè shū xīng rào jiàn zhāng　　xiān fēng chuī xià yù lú xiāng
淡月疏星绕建章，仙风吹下御炉香。

shì chén hú lì tōng míng diàn　　yì duǒ hóng yún pěng yù huáng
侍臣鹄立通明殿，一朵红云捧玉皇。

立春偶成

张栻

律回岁晚冰霜少，春到人间草木知。

便觉眼前生意满，东风吹水绿参差。

打球图

晁说之

阊阖千门万户开，三郎沉醉打球回。

九龄已老韩休死，无复明朝谏疏来。

宫词

王建

金殿当头紫阁重，仙人掌上玉芙蓉。

太平天子朝元日，五色云车驾六龙。

廷试

夏竦

殿上衮衣明日月，砚中旗影动龙蛇。

纵横礼乐三千字，独对丹墀日未斜。

咏华清宫

杜常

行尽江南数十程，晓风残月入华清。

朝元阁上西风急，都入长杨作雨声。

清平调词

李白

云想衣裳花想容，春风拂槛露华浓。

若非群玉山头见，会向瑶台月下逢。

tí dǐ jiān bì
题邸间壁

zhèng huì
郑 会

tú mí xiāng mèng qiè chūn hán　　cuì yǎn chóng mén yàn zǐ xián
茶蘼香梦怯春寒，翠掩重门燕子闲。

qiāo duàn yù chāi hóng zhú lěng　　jì chéng yīng shuō dào cháng shān
敲断玉钗红烛冷，计程应说到常山。

jué jù
绝 句

dù fǔ
杜 甫

liǎng gè huáng lí míng cuì liǔ　　yì háng bái lù shàng qīng tiān
两个黄鹂鸣翠柳，一行白鹭上青天。

chuāng hán xī lǐng qiān qiū xuě　　mén bó dōng wú wàn lǐ chuán
窗 含西岭千秋雪，门泊东吴万里船。

hǎi táng
海 棠

sū shì
苏 轼

dōng fēng niǎo niǎo fàn chóng guāng　　xiāng wù kōng méng yuè zhuǎn láng
东风袅袅泛崇光，香雾空蒙月转廊。

zhǐ kǒng yè shēn huā shuì qù　　gù shāo gāo zhú zhào hóng zhuāng
只恐夜深花睡去，故烧高烛照红妆。

清明

王禹偁

无花无酒过清明，兴味萧然似野僧。

昨日邻家乞新火，晓窗分与读书灯。

清明

杜牧

清明时节雨纷纷，路上行人欲断魂。

借问酒家何处有，牧童遥指杏花村。

社日

王驾

鹅湖山下稻粱肥，豚栅鸡栖对掩扉。

桑柘影斜春社散，家家扶得醉人归。

寒食

韩翃

春城无处不飞花，寒食东风御柳斜。

日暮汉宫传蜡烛，轻烟散入五侯家。

江南春

杜牧

千里莺啼绿映红，水村山郭酒旗风。

南朝四百八十寺，多少楼台烟雨中。

上高侍郎

高蟾

天上碧桃和露种，日边红杏倚云栽。

芙蓉生在秋江上，不向东风怨未开。

jué jù
绝 句

sēng zhì nán
僧 志 南

gǔ mù yīn zhōng jì duǎn péng　　zhàng lí fú wǒ guò qiáo dōng
古木阴中系短篷，杖藜扶我过桥东。

zhān yī yù shī xìng huā yǔ　　chuī miàn bù hán yáng liǔ fēng
沾衣欲湿杏花雨，吹面不寒杨柳风。

yóu yuán bù zhí
游园不值

yè shào wēng
叶绍翁

yīng lián jī chǐ yìn cāng tái　　xiǎo kòu chái fēi jiǔ bù kāi
应怜屐齿印苍苔，小扣柴扉久不开。

chūn sè mǎn yuán guān bú zhù　　yì zhī hóng xìng chū qiáng lái
春色满园关不住，一枝红杏出墙来。

kè zhōng xíng
客中行

lǐ bái
李 白

lán líng měi jiǔ yù jīn xiāng　　yù wǎn chéng lái hǔ pò guāng
兰陵美酒郁金香，玉碗盛来琥珀光。

dàn shǐ zhǔ rén néng zuì kè　　bù zhī hé chù shì tā xiāng
但使主人能醉客，不知何处是他乡。

题屏
刘季孙

呢喃燕子语梁间，底事来惊梦里闲。

说与旁人浑不解，杖藜携酒看芝山。

漫兴
杜甫

肠断春江欲尽头，杖藜徐步立芳洲。

颠狂柳絮随风舞，轻薄桃花逐水流。

庆全庵桃花
谢枋得

寻得桃源好避秦，桃红又是一年春。

花飞莫遣随流水，怕有渔郎来问津。

卷三 七绝

千家诗

五〇

xuán dū guàn táo huā
玄都观桃花

liú yǔ xī
刘禹锡

zǐ mò hóng chén fú miàn lái　　wú rén bú dào kàn huā huí
紫陌红尘拂面来，无人不道看花回。

xuán dū guàn lǐ táo qiān shù　　jìn shì liú láng qù hòu zāi
玄都观里桃千树，尽是刘郎去后栽。

zài yóu xuán dū guàn
再游玄都观

liú yǔ xī
刘禹锡

bǎi mǔ tíng zhōng bàn shì tái　　táo huā jìng jìn cài huā kāi
百亩庭中半是苔，桃花净尽菜花开。

zhòng táo dào shì guī hé chù　　qián dù liú láng jīn yòu lái
种桃道士归何处，前度刘郎今又来。

chú zhōu xī jiàn
滁州西涧

wéi yīng wù
韦应物

dú lián yōu cǎo jiàn biān shēng　　shàng yǒu huáng lí shēn shù míng
独怜幽草涧边生，上有黄鹂深树鸣。

chūn cháo dài yǔ wǎn lái jí　　yě dù wú rén zhōu zì héng
春潮带雨晚来急，野渡无人舟自横。

花影
huā yǐng

谢枋得
xiè fāng dé

chóng chóng dié dié shàng yáo tái　　jǐ dù hū tóng sǎo bù kāi
重重叠叠上瑶台，几度呼童扫不开。

gāng bèi tài yáng shōu shí qù　　què jiào míng yuè sòng jiāng lái
刚被太阳收拾去，却教明月送将来。

北山
běi shān

王安石
wáng ān shí

běi shān shū lǜ zhǎng héng bēi　　zhí qiàn huí táng yàn yàn shí
北山输绿涨横陂，直堑回塘滟滟时。

xì shǔ luò huā yīn zuò jiǔ　　huǎn xún fāng cǎo dé guī chí
细数落花因坐久，缓寻芳草得归迟。

湖上
hú shàng

徐元杰
xú yuán jié

huā kāi hóng shù luàn yīng tí　　cǎo zhǎng píng hú bái lù fēi
花开红树乱莺啼，草长平湖白鹭飞。

fēng rì qíng hé rén yì hǎo　　xī yáng xiāo gǔ jǐ chuán guī
风日晴和人意好，夕阳箫鼓几船归。

漫兴
杜甫

糁径杨花铺白毡，点溪荷叶叠青钱。

笋根稚子无人见，沙上凫雏傍母眠。

春晴
王驾

雨前初见花间蕊，雨后全无叶底花。

蜂蝶纷纷过墙去，却疑春色在邻家。

春暮
曹豳

门外无人问落花，绿阴冉冉遍天涯。

林莺啼到无声处，青草池塘独听蛙。

luò huā
落 花

zhū shū zhēn
朱淑贞

lián lǐ zhī tóu huā zhèng kāi　　dù huā fēng yǔ biàn xiāng cuī
连理枝头花正开，妒花风雨便相催。

yuàn jiào qīng dì cháng wéi zhǔ　　mò qiǎn fēn fēn diǎn cuì tái
愿教青帝常为主，莫遣纷纷点翠苔。

chūn mù yóu xiǎo yuán
春暮游小园

wáng qí
王 淇

yì cóng méi fěn tuì cán zhuāng　　tú mǒ xīn hóng shàng hǎi táng
一从梅粉褪残妆，涂抹新红上海棠。

kāi dào tú mí huā shì liǎo　　sī sī tiān jí chū méi qiáng
开到茶蘸花事了，丝丝天棘出莓墙。

yīng suō
莺梭

liú kè zhuāng
刘克庄

zhì liǔ qiān qiáo tài yǒu qíng　　jiāo jiāo shí zuò nòng jī shēng
掷柳迁乔太有情，交交时作弄机声。

luò yáng sān yuè huā rú jǐn　　duō shǎo gōng fū zhī dé chéng
洛阳三月花如锦，多少工夫织得成。

暮春即事
叶采

双双瓦雀行书案，点点杨花入砚池。

闲坐小窗读周易，不知春去几多时。

登山
李涉

终日昏昏醉梦间，忽闻春尽强登山。

因过竹院逢僧话，又得浮生半日闲。

蚕妇吟
谢枋得

子规啼彻四更时，起视蚕稠怕叶稀。

不信楼头杨柳月，玉人歌舞未曾归。

晚春
wǎn chūn

韩愈
hán yù

草木知春不久归，百般红紫斗芳菲。
cǎo mù zhī chūn bù jiǔ guī　　bǎi bān hóng zǐ dòu fāng fēi

杨花榆荚无才思，惟解漫天作雪飞。
yáng huā yú jiá wú cái sī　　wéi jiě màn tiān zuò xuě fēi

伤春
shāng chūn

杨万里
yángwàn lǐ

准拟今春乐事浓，依然枉却一东风。
zhǔn nǐ jīn chūn lè shì nóng　　yī rán wǎng què yì dōng fēng

年年不带看花眼，不是愁中即病中。
nián nián bú dài kàn huā yǎn　　bú shì chóuzhōng jí bìngzhōng

送春
sòng chūn

王令
wáng lìng

三月残花落更开，小檐日日燕飞来。
sān yuè cán huā luò gèng kāi　　xiǎo yán rì rì yàn fēi lái

子规夜半犹啼血，不信东风唤不回。
zǐ guī yè bàn yóu tí xuè　　bú xìn dōng fēng huàn bù huí

sān yuè huì rì sòng chūn
三月晦日送春

jiǎ dǎo
贾 岛

sān yuè zhèng dāng sān shí rì　　fēng guāng bié wǒ kǔ yín shēn
三月正当三十日，风光别我苦吟身。

gòng jūn jīn yè bù xū shuì　　wèi dào xiǎo zhōng yóu shì chūn
共君今夜不须睡，未到晓钟犹是春。

kè zhōng chū xià
客中初夏

sī mǎ guāng
司马 光

sì yuè qīng hé yǔ zhà qíng　　nán shān dāng hù zhuǎn fēn míng
四月清和雨乍晴，南山当户转分明。

gèng wú liǔ xù yīn fēng qǐ　　wéi yǒu kuí huā xiàng rì qīng
更无柳絮因风起，惟有葵花向日倾。

yǒu yuē
有 约

zhào shī xiù
赵 师秀

huáng méi shí jié jiā jiā yǔ　　qīng cǎo chí táng chù chù wā
黄梅时节家家雨，青草池塘处处蛙。

yǒu yuē bù lái guò yè bàn　　xián qiāo qí zǐ luò dēng huā
有约不来过夜半，闲敲棋子落灯花。

闲居初夏午睡起
xián jū chū xià wǔ shuì qǐ

杨 万 里
yángwàn lǐ

méi zǐ liú suān ruǎn chǐ yá　　bā jiāo fēn lǜ yǔ chuāng shā
梅子流酸软齿牙，芭蕉分绿与窗纱。

rì cháng shuì qǐ wú qíng sī　　xián kàn ér tóng zhuō liǔ huā
日长睡起无情思，闲看儿童捉柳花。

三衢道中
sān qú dào zhōng

曾 几
zēng jǐ

méi zǐ huáng shí rì rì qíng　　xiǎo xī fàn jìn què shān xíng
梅子黄时日日晴，小溪泛尽却山行。

lǜ yīn bù jiǎn lái shí lù　　tiān dé huáng lí sì wǔ shēng
绿阴不减来时路，添得黄鹂四五声。

即 景
jí jǐng

朱 淑 贞
zhūshūzhēn

zhú yáo qīng yǐng zhào yōu chuāng　　liǎngliǎng shí qín zào xī yáng
竹摇清影罩幽窗，两两时禽噪夕阳。

xiè què hǎi táng fēi jìn xù　　kùn rén tiān qì rì chū cháng
谢却海棠飞尽絮，困人天气日初长。

chū xià yóu zhāng yuán
初夏游张园

dài fù gǔ
戴复古

rǔ yā chí táng shuǐ qiǎn shēn　　shú méi tiān qì bàn qíng yīn
乳鸭池塘水浅深，熟梅天气半晴阴。

dōng yuán zài jiǔ xī yuán zuì　　zhāi jìn pí pa yí shù jīn
东园载酒西园醉，摘尽枇杷一树金。

è zhōu nán lóu shū shì
鄂州南楼书事

huáng tíng jiān
黄庭坚

sì gù shān guāng jiē shuǐ guāng　　píng lán shí lǐ jì hé xiāng
四顾山光接水光，凭栏十里芰荷香。

qīng fēng míng yuè wú rén guǎn　　bìng zuò nán lái yí wèi liáng
清风明月无人管，并作南来一味凉。

shān tíng xià rì
山亭夏日

gāo pián
高骈

lù shù yīn nóng xià rì cháng　　lóu tái dào yǐng rù chí táng
绿树阴浓夏日长，楼台倒影入池塘。

shuǐ jīng lián dòng wēi fēng qǐ　　mǎn jià qiáng wēi yí yuàn xiāng
水晶帘动微风起，满架蔷薇一院香。

田家
范成大

昼出耘田夜绩麻，村庄儿女各当家。
童孙未解供耕织，也傍桑阴学种瓜。

村居即事
翁卷

绿遍山原白满川，子规声里雨如烟。
乡村四月闲人少，才了蚕桑又插田。

题榴花
韩愈

五月榴花照眼明，枝间时见子初成。
可怜此地无车马，颠倒苍苔落绛英。

cūn wǎn
村 晚

léi zhèn
雷 震

cǎo mǎn chí táng shuǐ mǎn bēi　　shān xián luò rì jìn hán yī
草满池塘水满陂，山衔落日浸寒漪。

mù tóng guī qù héng niú bèi　　duǎn dí wú qiāng xìn kǒu chuī
牧童归去横牛背，短笛无腔信口吹。

shū hú yīn xiān shēng bì
书湖阴先生壁

wáng ān shí
王 安石

máo yán cháng sǎo jìng wú tái　　huā mù chéng xī shǒu zì zāi
茅檐常扫净无苔，花木成蹊手自栽。

yì shuǐ hù tián jiāng lǜ rào　　liǎng shān pái tà sòng qīng lái
一水护田将绿绕，两山排闼送青来。

wū yī xiàng
乌衣巷

liú yǔ xī
刘禹锡

zhū què qiáo biān yě cǎo huā　　wū yī xiàng kǒu xī yáng xié
朱雀桥边野草花，乌衣巷口夕阳斜。

jiù shí wáng xiè táng qián yàn　　fēi rù xún cháng bǎi xìng jiā
旧时王谢堂前燕，飞入寻常百姓家。

送元二使安西

王　维

渭城朝雨浥轻尘，客舍青青柳色新。

劝君更尽一杯酒，西出阳关无故人。

题北榭碑

李　白

一为迁客去长沙，西望长安不见家。

黄鹤楼中吹玉笛，江城五月落梅花。

题淮南寺

程　颢

南去北来休便休，白蘋吹尽楚江秋。

道人不是悲秋客，一任晚山相对愁。

秋 月
朱 熹

清溪流过碧山头，空水澄鲜一色秋。

隔断红尘三十里，白云黄叶共悠悠。

七 夕
杨 朴

未会牵牛意若何，须邀织女弄金梭。

年年乞与人间巧，不道人间巧几多。

立 秋
刘 翰

乳鸦啼散玉屏空，一枕新凉一扇风。

睡起秋声无觅处，满阶梧叶月明中。

秋夕
qiū xī

杜牧
dù mù

银烛秋光冷画屏，轻罗小扇扑流萤。
yín zhú qiū guāng lěng huà píng　qīng luó xiǎo shàn pū liú yíng

天阶夜色凉如水，卧看牵牛织女星。
tiān jiē yè sè liáng rú shuǐ　wò kàn qiān niú zhī nǚ xīng

中秋月
zhōng qiū yuè

苏轼
sū shì

暮云收尽溢清寒，银汉无声转玉盘。
mù yún shōu jìn yì qīng hán　yín hàn wú shēng zhuàn yù pán

此生此夜不长好，明月明年何处看。
cǐ shēng cǐ yè bù cháng hǎo　míng yuè míng nián hé chù kān

江楼有感
jiāng lóu yǒu gǎn

赵嘏
zhào gǔ

独上江楼思悄然，月光如水水如天。
dú shàng jiāng lóu sī qiǎo rán　yuè guāng rú shuǐ shuǐ rú tiān

同来玩月人何在，风景依稀似去年。
tóng lái wán yuè rén hé zài　fēng jǐng yī xī sì qù nián

tí lín ān dǐ
题临安邸

lín shēng
林 升

shān wài qīng shān lóu wài lóu　　xī hú gē wǔ jǐ shí xiū
山外青山楼外楼，西湖歌舞几时休。

nuǎn fēng xūn dé yóu rén zuì　　zhí bǎ háng zhōu zuò biàn zhōu
暖风薰得游人醉，直把杭州作汴州。

xiǎo chū jìng cí sì sòng lín zǐ fāng
晓出净慈寺送林子方

yáng wàn lǐ
杨 万里

bì jìng xī hú liù yuè zhōng　　fēng guāng bù yǔ sì shí tóng
毕竟西湖六月中，风光不与四时同。

jiē tiān lián yè wú qióng bì　　yìng rì hé huā bié yàng hóng
接天莲叶无穷碧，映日荷花别样红。

yǐn hú shàng chū qíng hòu yǔ
饮湖上初晴后雨

sū shì
苏 轼

shuǐ guāng liàn yàn qíng fāng hǎo　　shān sè kōng méng yǔ yì qí
水光潋滟晴方好，山色空蒙雨亦奇。

yù bǎ xī hú bǐ xī zǐ　　dàn zhuāng nóng mǒ zǒng xiāng yí
欲把西湖比西子，淡妆浓抹总相宜。

入直
周必大

绿槐夹道集昏鸦，敕使传宣坐赐茶。

归到玉堂清不寐，月钩初上紫薇花。

夏日登车盖亭
蔡确

纸屏石枕竹方床，手倦抛书午梦长。

睡起莞然成独笑，数声渔笛在沧浪。

直玉堂作
洪咨夔

禁门深锁寂无哗，浓墨淋漓两相麻。

唱彻五更天未晓，一墀月浸紫薇花。

竹楼
李嘉祐

傲吏身闲笑五侯，西江取竹起高楼。

南风不用蒲葵扇，纱帽闲眠对水鸥。

直中书省
白居易

丝纶阁下文章静，钟鼓楼中刻漏长。

独坐黄昏谁是伴，紫薇花对紫薇郎。

观书有感
朱熹

半亩方塘一鉴开，天光云影共徘徊。

问渠那得清如许，为有源头活水来。

fàn zhōu
泛舟

zhū xī
朱熹

zuó yè jiāng biān chūn shuǐ shēng　　méngchōng jù jiàn yì máo qīng
昨夜江边春水生，艨艟巨舰一毛轻。

xiàng lái wǎng fèi tuī yí lì　　cǐ rì zhōng liú zì zài xíng
向来枉费推移力，此日中流自在行。

lěng quán tíng
冷泉亭

lín zhěn
林稹

yì hóng qīng kě qìn shī pí　　lěng nuǎn nián lái zhǐ zì zhī
一泓清可沁诗脾，冷暖年来只自知。

liú chū xī hú zài gē wǔ　　huí tóu bú sì zài shān shí
流出西湖载歌舞，回头不似在山时。

dōng jǐng
冬景

sū shì
苏轼

hé jìn yǐ wú qíng yǔ gài　　jú cán yóu yǒu ào shuāng zhī
荷尽已无擎雨盖，菊残犹有傲霜枝。

yì nián hǎo jǐng jūn xū jì　　zuì shì chénghuáng jú lù shí
一年好景君须记，最是橙黄橘绿时。

枫桥夜泊

张继

月落乌啼霜满天，江枫渔火对愁眠。
姑苏城外寒山寺，夜半钟声到客船。

寒夜

杜耒

寒夜客来茶当酒，竹炉汤沸火初红。
寻常一样窗前月，才有梅花便不同。

霜夜

李商隐

初闻征雁已无蝉，百尺楼台水接天。
青女素娥俱耐冷，月中霜里斗婵娟。

梅
王淇

不受尘埃半点侵，竹篱茅舍自甘心。

只因误识林和靖，惹得诗人说到今。

早春
白玉蟾

南枝才放两三花，雪里吟香弄粉些。

淡淡著烟浓著月，深深笼水浅笼沙。

雪梅 其一
卢梅坡

梅雪争春未肯降，骚人阁笔费评章。

梅须逊雪三分白，雪却输梅一段香。

雪梅 其二
卢梅坡（一说方岳）

有梅无雪不精神，有雪无诗俗了人。

日暮诗成天又雪，与梅并作十分春。

答钟弱翁
牧 童

草铺横野六七里，笛弄晚风三四声。

归来饱饭黄昏后，不脱蓑衣卧月明。

泊秦淮
杜 牧

烟笼寒水月笼沙，夜泊秦淮近酒家。

商女不知亡国恨，隔江犹唱后庭花。

归雁
guī yàn

钱 起
qián qǐ

潇湘何事等闲回，水碧沙明两岸苔。
xiāo xiāng hé shì děng xián huí　shuǐ bì shā míng liǎng àn tái

二十五弦弹夜月，不胜清怨却飞来。
èr shí wǔ xián tán yè yuè　bù shēng qīng yuàn què fēi lái

题壁
tí bì

无名氏
wú míng shì

一团茅草乱蓬蓬，蓦地烧天蓦地空。
yì tuán máo cǎo luàn péng péng　mò dì shāo tiān mò dì kōng

争似满炉煨榾柮，漫腾腾地暖烘烘。
zhēng sì mǎn lú wēi gǔ duò　màn téng téng dì nuǎn hōng hōng

卷四 七律

早朝大明宫

贾 至

银烛朝天紫陌长，禁城春色晓苍苍。

千条弱柳垂青锁，百啭流莺绕建章。

剑佩声随玉墀步，衣冠身惹御炉香。

共沐恩波凤池上，朝朝染翰侍君王。

和贾舍人早朝

杜 甫

五夜漏声催晓箭，九重春色醉仙桃。

旌旗日暖龙蛇动，宫殿风微燕雀高。

朝罢香烟携满袖，诗成珠玉在挥毫。

欲知世掌丝纶美，池上于今有凤毛。

和贾舍人早朝

王　维

绛帻鸡人报晓筹，尚衣方进翠云裘。

九天阊阖开宫殿，万国衣冠拜冕旒。

日色才临仙掌动，香烟欲傍衮龙浮。

朝罢须裁五色诏，珮声归到凤池头。

和贾舍人早朝

岑　参

鸡鸣紫陌曙光寒，莺啭皇州春色阑。

金阙晓钟开万户，玉阶仙仗拥千官。

花迎剑佩星初落，柳拂旌旗露未干。

dú yǒu fèng huáng chí shàng kè　　yáng chūn yì qǔ hè jiē nán

独有凤凰池上客，阳春一曲和皆难。

shàng yuán yìng zhì
上元应制

cài xiāng
蔡　襄

gāo liè qiān fēng bǎo jù sēn　　duān mén fāng xǐ cuì huá lín

高列千峰宝炬森，端门方喜翠华临。

chén yóu bú wèi sān yuán yè　　lè shì hái tóng wàn zhòng xīn

宸游不为三元夜，乐事还同万众心。

tiān shàng qīng guāng liú cǐ xī　　rén jiān hé qì gé chūn yīn

天上清光留此夕，人间和气阁春阴。

yào zhī jìn qìng huá fēng zhù　　sì shí yú nián huì ài shēn

要知尽庆华封祝，四十余年惠爱深。

shàng yuán yìng zhì
上元应制

wáng guī
王　珪

xuě xiāo huá yuè mǎn xiān tái　　wàn zhú dāng lóu bǎo shàn kāi

雪消华月满仙台，万烛当楼宝扇开。

shuāng fèng yún zhōng fú niǎn xià　　liù áo hǎi shàng jià shān lái

双凤云中扶辇下，六鳌海上驾山来。

hào jīng chūn jiǔ zhān zhōu yàn　　fén shuǐ qiū fēng lòu hàn cái

镐京春酒沾周宴，汾水秋风陋汉才。

yì qǔ shēng píng rén gòng lè　　jūn wáng yòu jìn zǐ xiá bēi

一曲升平人共乐，君王又尽紫霞杯。

侍宴
shì yàn

沈佺期
shěn quán qī

皇家贵主好神仙，别业初开云汉边。
huáng jiā guì zhǔ hǎo shén xiān　　bié yè chū kāi yún hàn biān

山出尽如鸣凤岭，池成不让饮龙川。
shān chū jìn rú míng fèng lǐng　　chí chéng bú ràng yǐn lóng chuān

妆楼翠幌教春住，舞阁金铺借日悬。
zhuāng lóu cuì huǎng jiào chūn zhù　　wǔ gé jīn pū jiè rì xuán

敬从乘舆来此地，称觞献寿乐钧天。
jìng cóng chéng yú lái cǐ dì　　chēng shāng xiàn shòu lè jūn tiān

答丁元珍
dá dīng yuán zhēn

欧阳修
ōu yáng xiū

春风疑不到天涯，二月山城未见花。
chūn fēng yí bú dào tiān yá　　èr yuè shān chéng wèi jiàn huā

残雪压枝犹有橘，冻雷惊笋欲抽芽。
cán xuě yā zhī yóu yǒu jú　　dòng léi jīng sǔn yù chōu yá

夜闻啼雁生乡思，病入新年感物华。
yè wén tí yàn shēng xiāng sī　　bìng rù xīn nián gǎn wù huá

曾是洛阳花下客，野芳虽晚不须嗟。
céng shì luò yáng huā xià kè　　yě fāng suī wǎn bù xū jiē

插花吟

邵雍

头上花枝照酒卮，酒卮中有好花枝。

身经两世太平日，眼见四朝全盛时。

况复筋骸粗康健，那堪时节正芳菲。

酒涵花影红光溜，争忍花前不醉归。

寓意

晏殊

油壁香车不再逢，峡云无迹任西东。

梨花院落溶溶月，柳絮池塘淡淡风。

几日寂寥伤酒后，一番萧瑟禁烟中。

鱼书欲寄何由达，水远山长处处同。

寒食书事

赵鼎

寂寂柴门村落里，也教插柳纪年华。

禁烟不到粤人国，上冢亦携庞老家。

汉寝唐陵无麦饭，山溪野径有梨花。

一樽竟藉青苔卧，莫管城头奏暮笳。

清明

黄庭坚

佳节清明桃李笑，野田荒冢只生愁。

雷惊天地龙蛇蛰，雨足郊原草木柔。

人乞祭余骄妾妇，士甘焚死不公侯。

贤愚千载知谁是，满眼蓬蒿共一丘。

清明 qīng míng

高翥 gāo zhù

南北山头多墓田，清明祭扫各纷然。

纸灰飞作白蝴蝶，泪血染成红杜鹃。

日落狐狸眠冢上，夜归儿女笑灯前。

人生有酒须当醉，一滴何曾到九泉。

郊行即事 jiāo xíng jí shì

程颢 chéng hào

芳原绿野恣行时，春入遥山碧四围。

兴逐乱红穿柳巷，困临流水坐苔矶。

莫辞盏酒十分劝，只恐风花一片飞。

况是清明好天气，不妨游衍莫忘归。

秋千
释惠洪

画架双裁翠络偏，佳人春戏小楼前。

飘扬血色裙拖地，断送玉容人上天。

花板润沾红杏雨，彩绳斜挂绿杨烟。

下来闲处从容立，疑是蟾宫谪降仙。

曲江 其一
杜甫

一片花飞减却春，风飘万点正愁人。

且看欲尽花经眼，莫厌伤多酒入唇。

江上小堂巢翡翠，苑边高冢卧麒麟。

细推物理须行乐，何用浮名绊此身。

曲江 其二

杜甫

朝回日日典春衣，每日江头尽醉归。

酒债寻常行处有，人生七十古来稀。

穿花蛱蝶深深见，点水蜻蜓款款飞。

传语风光共流转，暂时相赏莫相违。

黄鹤楼

崔颢

昔人已乘黄鹤去，此地空余黄鹤楼。

黄鹤一去不复返，白云千载空悠悠。

晴川历历汉阳树，芳草萋萋鹦鹉洲。

日暮乡关何处是，烟波江上使人愁。

lǚ huái
旅 怀

cuī tú
崔 涂

shuǐ liú huā xiè liǎng wú qíng　　sòng jìn dōng fēng guò chǔ chéng
水流花谢两无情，送尽东风过楚城。

hú dié mèng zhōng jiā wàn lǐ　　dù juān zhī shàng yuè sān gēng
蝴蝶梦中家万里，杜鹃枝上月三更。

gù yuán shū dòng jīng nián jué　　huá fà chūn cuī liǎng bìn shēng
故园书动经年绝，华发春催两鬓生。

zì shì bù guī guī biàn dé　　wǔ hú yān jǐng yǒu shuí zhēng
自是不归归便得，五湖烟景有谁争。

dá lǐ dān
答李儋

wéi yīng wù
韦应物

qù nián huā lǐ féng jūn bié　　jīn rì huā kāi yòu yì nián
去年花里逢君别，今日花开又一年。

shì shì máng máng nán zì liào　　chūn chóu àn àn dú chéng mián
世事茫茫难自料，春愁黯黯独成眠。

shēn duō jí bìng sī tián lǐ　　yì yǒu liú wáng kuì fèng qián
身多疾病思田里，邑有流亡愧俸钱。

wén dào yù lái xiāng wèn xùn　　xī lóu wàng yuè jǐ huí yuán
闻道欲来相问讯，西楼望月几回圆。

江村
杜甫

清江一曲抱村流，长夏江村事事幽。

自去自来梁上燕，相亲相近水中鸥。

老妻画纸为棋局，稚子敲针作钓钩。

多病所须惟药物，微躯此外更何求。

夏日
张耒

长夏江村风日清，檐牙燕雀已生成。

蝶衣晒粉花枝舞，蛛网添丝屋角晴。

落落疏帘邀月影，嘈嘈虚枕纳溪声。

久斑两鬓如霜雪，直欲樵渔过此生。

辋川积雨
wǎngchuān jī yǔ

王维
wáng wéi

积雨空林烟火迟，蒸藜炊黍饷东菑。
jī yǔ kōng lín yān huǒ chí　zhēng lí chuī shǔ xiǎng dōng zī

漠漠水田飞白鹭，阴阴夏木啭黄鹂。
mò mò shuǐ tián fēi bái lù　yīn yīn xià mù zhuàn huáng lí

山中习静观朝槿，松下清斋折露葵。
shān zhōng xí jìng guān zhāo jǐn　sōng xià qīng zhāi zhé lù kuí

野老与人争席罢，海鸥何事更相疑。
yě lǎo yǔ rén zhēng xí bà　hǎi ōu hé shì gèng xiāng yí

新竹
xīn zhú

陆游
lù yóu

插棘编篱谨护持，养成寒碧映涟漪。
chā jí biān lí jǐn hù chí　yǎng chéng hán bì yìng lián yī

清风掠地秋先到，赤日行天午不知。
qīng fēng lüè dì qiū xiān dào　chì rì xíng tiān wǔ bù zhī

解箨时闻声簌簌，放梢初见影离离。
jiě tuò shí wén shēng sù sù　fàng shāo chū jiàn yǐng lí lí

归闲我欲频来此，枕簟仍教到处随。
guī xián wǒ yù pín lái cǐ　zhěn diàn réng jiào dào chù suí

偶　成

程　颢

xián lái wú shì bù cóng róng　　shuì jiào dōng chuāng rì yǐ hóng
闲来无事不从容，睡觉东窗日已红。

wàn wù jìng guān jiē zì dé　　sì shí jiā xìng yǔ rén tóng
万物静观皆自得，四时佳兴与人同。

dào tōng tiān dì yǒu xíng wài　　sī rù fēng yún biàn tài zhōng
道通天地有形外，思入风云变态中。

fù guì bù yín pín jiàn lè　　nán ér dào cǐ shì háo xióng
富贵不淫贫贱乐，男儿到此是豪雄。

表兄话旧

窦叔向

yè hé huā kāi xiāng mǎn tíng　　yè shēn wēi yǔ zuì chū xǐng
夜合花开香满庭，夜深微雨醉初醒。

yuǎn shū zhēn zhòng hé yóu dá　　jiù shì qī liáng bù kě tīng
远书珍重何由达，旧事凄凉不可听。

qù rì ér tóng jiē zhǎng dà　　xī nián qīn yǒu bàn diāo líng
去日儿童皆长大，昔年亲友半凋零。

míng zhāo yòu shì gū zhōu bié　　chóu jiàn hé qiáo jiǔ màn qīng
明朝又是孤舟别，愁见河桥酒幔青。

游月陂
程颢

月陂堤上四徘徊，北有中天百尺台。

万物已随秋气改，一樽聊为晚凉开。

水心云影闲相照，林下泉声静自来。

世事无端何足计，但逢佳节约重陪。

秋兴 其一
杜甫

玉露凋伤枫树林，巫山巫峡气萧森。

江间波浪兼天涌，塞上风云接地阴。

丛菊两开他日泪，孤舟一系故园心。

寒衣处处催刀尺，白帝城高急暮砧。

秋兴 其三

杜 甫

千家山郭静朝晖，日日江楼坐翠微。

信宿渔人还泛泛，清秋燕子故飞飞。

匡衡抗疏功名薄，刘向传经心事违。

同学少年多不贱，五陵裘马自轻肥。

秋兴 其五

杜 甫

蓬莱宫阙对南山，承露金茎霄汉间。

西望瑶池降王母，东来紫气满函关。

云移雉尾开宫扇，日绕龙鳞识圣颜。

一卧沧江惊岁晚，几回青琐点朝班。

秋兴 其七

杜甫

昆明池水汉时功，武帝雄旗在眼中。

织女机丝虚夜月，石鲸鳞甲动秋风。

波飘菰米沉云黑，露冷莲房坠粉红。

关塞极天惟鸟道，江湖满地一渔翁。

月夜舟中

戴复古

满船明月浸虚空，绿水无痕夜气冲。

诗思浮沉樯影里，梦魂摇曳橹声中。

星辰冷落碧潭水，鸿雁悲鸣红蓼风。

数点渔灯依古岸，断桥垂露滴梧桐。

长安秋望
cháng ān qiū wàng

赵嘏
zhào gǔ

云物凄凉拂曙流，汉家宫阙动高秋。
yún wù qī liáng fú shǔ liú　hàn jiā gōng què dòng gāo qiū

残星几点雁横塞，长笛一声人倚楼。
cán xīng jǐ diǎn yàn héng sài　cháng dí yì shēng rén yǐ lóu

紫艳半开篱菊静，红衣落尽渚莲愁。
zǐ yàn bàn kāi lí jú jìng　hóng yī luò jìn zhǔ lián chóu

鲈鱼正美不归去，空戴南冠学楚囚。
lú yú zhèng měi bù guī qù　kōng dài nán guān xué chǔ qiú

新秋
xīn qiū

杜甫
dù fǔ

火云犹未敛奇峰，欹枕初惊一叶风。
huǒ yún yóu wèi liǎn qí fēng　qī zhěn chū jīng yí yè fēng

几处园林萧瑟里，谁家砧杵寂寥中。
jǐ chù yuán lín xiāo sè lǐ　shuí jiā zhēn chǔ jì liáo zhōng

蝉声断续悲残月，萤焰高低照暮空。
chán shēng duàn xù bēi cán yuè　yíng yàn gāo dī zhào mù kōng

赋就金门期再献，夜深搔首叹飞蓬。
fù jiù jīn mén qī zài xiàn　yè shēn sāo shǒu tàn fēi péng

中秋 zhōng qiū

李朴 lǐ pǔ

皓魄当空宝镜升，云间仙籁寂无声。
hào pò dāng kōng bǎo jìng shēng　yún jiān xiān lài jì wú shēng

平分秋色一轮满，长伴云衢千里明。
píng fēn qiū sè yì lún mǎn　cháng bàn yún qú qiān lǐ míng

狡兔空从弦外落，妖蟆休向眼前生。
jiǎo tù kōng cóng xián wài luò　yāo má xiū xiàng yǎn qián shēng

灵槎拟约同携手，更待银河彻底清。
líng chá nǐ yuē tóng xié shǒu　gèng dài yín hé chè dǐ qīng

九日蓝田会饮 jiǔ rì lán tián huì yǐn

杜甫 dù fǔ

老去悲秋强自宽，兴来今日尽君欢。
lǎo qù bēi qiū qiǎng zì kuān　xìng lái jīn rì jìn jūn huān

羞将短发还吹帽，笑倩旁人为正冠。
xiū jiāng duǎn fà hái chuī mào　xiào qiàn páng rén wèi zhèng guān

蓝水远从千涧落，玉山高并两峰寒。
lán shuǐ yuǎn cóng qiān jiàn luò　yù shān gāo bìng liǎng fēng hán

明年此会知谁健，醉把茱萸仔细看。
míng nián cǐ huì zhī shuí jiàn　zuì bǎ zhū yú zǐ xì kān

秋　思
陆　游

利欲驱人万火牛，江湖浪迹一沙鸥。

日长似岁闲方觉，事大如天醉亦休。

砧杵敲残深巷月，梧桐摇落故园秋。

欲舒老眼无高处，安得元龙百尺楼。

与朱山人
杜　甫

锦里先生乌角巾，园收芋粟未全贫。

惯看宾客儿童喜，得食阶除鸟雀驯。

秋水才深四五尺，野航恰受两三人。

白沙翠竹江村暮，相送柴门月色新。

闻 笛
wén dí

赵 嘏
zhào gǔ

谁家吹笛画楼中，断续声随断续风。
shuí jiā chuī dí huà lóu zhōng　　duàn xù shēng suí duàn xù fēng

响遏行云横碧落，清和冷月到帘栊。
xiǎng è xíng yún héng bì luò　　qīng hé lěng yuè dào lián lóng

兴来三弄有桓子，赋就一篇怀马融。
xìng lái sān nòng yǒu huán zǐ　　fù jiù yì piān huái mǎ róng

曲罢不知人在否，余音嘹亮尚飘空。
qǔ bà bù zhī rén zài fǒu　　yú yīn liáo liàng shàng piāo kōng

冬 景
dōng jǐng

刘克庄
liú kè zhuāng

晴窗早觉爱朝曦，竹外秋声渐作威。
qíng chuāng zǎo jué ài zhāo xī　　zhú wài qiū shēng jiàn zuò wēi

命仆安排新暖阁，呼童熨贴旧寒衣。
mìng pú ān pái xīn nuǎn gé　　hū tóng yù tiē jiù hán yī

叶浮嫩绿酒初熟，橙切香黄蟹正肥。
yè fú nèn lǜ jiǔ chū shú　　chéng qiē xiāng huáng xiè zhèng féi

蓉菊满园皆可羡，赏心从此莫相违。
róng jú mǎn yuán jiē kě xiàn　　shǎng xīn cóng cǐ mò xiāng wéi

冬至
杜甫

天时人事日相催，冬至阳生春又来。

刺绣五纹添弱线，吹葭六管动飞灰。

岸容待腊将舒柳，山意冲寒欲放梅。

云物不殊乡国异，教儿且覆掌中杯。

梅花
林逋

众芳摇落独暄妍，占尽风情向小园。

疏影横斜水清浅，暗香浮动月黄昏。

霜禽欲下先偷眼，粉蝶如知合断魂。

幸有微吟可相狎，不须檀板共金樽。

自咏 zì yǒng

韩愈 hán yù

一封朝奏九重天，夕贬潮阳路八千。
yì fēng zhāo zòu jiǔ chóng tiān　xī biǎn cháo yáng lù bā qiān

本为圣明除弊政，敢将衰朽惜残年。
běn wèi shèng míng chú bì zhèng　gǎn jiāng shuāi xiǔ xī cán nián

云横秦岭家何在，雪拥蓝关马不前。
yún héng qín lǐng jiā hé zài　xuě yōng lán guān mǎ bù qián

知汝远来应有意，好收吾骨瘴江边。
zhī rǔ yuǎn lái yīng yǒu yì　hǎo shōu wú gǔ zhàng jiāng biān

干戈 gān gē

王中 wáng zhōng

干戈未定欲何之，一事无成两鬓丝。
gān gē wèi dìng yù hé zhī　yí shì wú chéng liǎng bìn sī

踪迹大纲王粲传，情怀小样杜陵诗。
zōng jì dà gāng wáng càn zhuàn　qíng huái xiǎo yàng dù líng shī

鹡鸰音断人千里，乌鹊巢寒月一枝。
jí líng yīn duàn rén qiān lǐ　wū què cháo hán yuè yì zhī

安得中山千日酒，酩然直到太平时。
ān dé zhōng shān qiān rì jiǔ　mǐng rán zhí dào tài píng shí

归 隐
guī yǐn

陈 抟
chén tuán

十年踪迹走红尘，回首青山入梦频。
shí nián zōng jì zǒu hóng chén　huí shǒu qīng shān rù mèng pín

紫绶纵荣争及睡，朱门虽富不如贫。
zǐ shòu zòng róng zhēng jí shuì　zhū mén suī fù bù rú pín

愁闻剑戟扶危主，闷听笙歌聒醉人。
chóu wén jiàn jǐ fú wēi zhǔ　mèn tīng shēng gē guō zuì rén

携取旧书归旧隐，野花啼鸟一般春。
xié qǔ jiù shū guī jiù yǐn　yě huā tí niǎo yì bān chūn

时世行
shí shì xíng

杜荀鹤
dù xún hè

夫因兵死守蓬茅，麻苎衣衫鬓发焦。
fū yīn bīng sǐ shǒu péng máo　má zhù yī shān bìn fà jiāo

桑柘废来犹纳税，田园荒尽尚征苗。
sāng zhè fèi lái yóu nà shuì　tián yuán huāng jìn shàng zhēng miáo

时挑野菜和根煮，旋斫生柴带叶烧。
shí tiāo yě cài hé gēn zhǔ　xuán zhuó shēng chái dài yè shāo

任是深山更深处，也应无计避征徭。
rèn shì shēn shān gèng shēn chù　yě yīng wú jì bì zhēng yáo

送天师
sòng tiān shī

朱 权
zhū quán

霜落芝城柳影疏，殷勤送客出鄱湖。
shuāng luò zhī chéng liǔ yǐng shū　　yīn qín sòng kè chū pó hú

黄金甲锁雷霆印，红锦韬缠日月符。
huáng jīn jiǎ suǒ léi tíng yìn　　hóng jǐn tāo chán rì yuè fú

天上晓行骑只鹤，人间夜宿解双凫。
tiān shàng xiǎo xíng qí zhī hè　　rén jiān yè sù jiě shuāng fú

匆匆归到神仙府，为问蟠桃熟也无。
cōng cōng guī dào shén xiān fǔ　　wèi wèn pán táo shú yě wú

送毛伯温
sòng máo bó wēn

朱厚熜
zhūhòucōng

大将南征胆气豪，腰横秋水雁翎刀。
dà jiàng nán zhēng dǎn qì háo　　yāo héng qiū shuǐ yàn líng dāo

风吹鼍鼓山河动，电闪雄旗日月高。
fēng chuī tuó gǔ shān hé dòng　　diàn shǎn jīng qí rì yuè gāo

天上麒麟原有种，穴中蝼蚁岂能逃。
tiān shàng qí lín yuán yǒu zhǒng　　xué zhōng lóu yǐ qǐ néng táo

太平待诏归来日，朕与先生解战袍。
tài píng dài zhào guī lái rì　　zhèn yǔ xiān shēng jiě zhàn páo

shén tóng shī

神童诗

扫一扫　听诵读

tiān zǐ zhòng yīng háo　　wén zhāng jiāo ěr cáo
天子重英豪，文章教尔曹。

wàn bān jiē xià pǐn　　wéi yǒu dú shū gāo
万般皆下品，惟有读书高。

shào xiǎo xū qín xué　　wén zhāng kě lì shēn
少小须勤学，文章可立身。

mǎn cháo zhū zǐ guì　　jìn shì dú shū rén
满朝朱紫贵，尽是读书人。

xué xiàng qín zhōng dé　　yíng chuāng wàn juàn shū
学向勤中得，萤窗万卷书。

sān dōng jīn zú yòng　　shuí xiào fù kōng xū
三冬今足用，谁笑腹空虚？

zì xiǎo duō cái xué　　píng shēng zhì qì gāo
自小多才学，平生志气高。

bié rén huái bǎo jiàn　　wǒ yǒu bǐ rú dāo
别人怀宝剑，我有笔如刀。

zhāo wéi tián shè láng　　mù dēng tiān zǐ táng
朝为田舍郎，暮登天子堂。

jiàngxiàng běn wú zhǒng　　nán ér dāng zì qiáng
将相本无种，男儿当自强。

xué nǎi shēn zhī bǎo　　rú wéi xí shàng zhēn
学乃身之宝，儒为席上珍。

jūn kàn wéi zǎi xiàng　　bì yòng dú shū rén
君看为宰相，必用读书人。

mò dào rú guān wù　　shī shū bú fù rén
莫道儒冠误，诗书不负人。

dá ér xiàng tiān xià　　qióng zé shàn qí shēn
达而相天下，穷则善其身。

yí zǐ mǎn yíng jīn　　hé rú jiāo yì jīng
遗子满籝金，何如教一经。

姓名书锦轴，朱紫佐朝廷。

古有《千文》义，须知学后通。

圣贤俱间出，以此发蒙童。

神童衫子短，袖大惹春风。

未去朝天子，先来谒相公。

年纪虽然小，文章日渐多。

待看十五六，一举便登科。

大比因自举，乡书以类升。

名题仙桂籍，天府快先登。

喜中青钱选，才高压俊英。

萤窗新脱迹，雁塔淡书名。

年少初登第，皇都得意回。

禹门三汲浪，平地一声雷。

一举登科日，双亲未老时。

锦衣归故里，端的是男儿。

玉殿传金榜，君恩赐状头。

英雄三百辈，随我步瀛洲。

慷慨大夫志，生当忠孝门。

为官须作相，及第必争先。

宫殿岧峣耸，街衢竞物华。

风云今际会，千古帝王家。

日月光天德，山河壮帝居。

太平无以报，愿上万年书。

久旱逢甘雨，他乡遇故知。

洞房花烛夜，金榜题名时。

土脉阳和动，韶华满眼新。

一枝梅破腊，万象渐回春。

柳色侵衣绿，桃花映酒红。

长安游冶子，日日醉春风。

数点雨余雨，一番寒食寒。

杜鹃花发处，血泪染成丹。

春到清明好，晴天锦绣纹。

年年当此节，底事雨纷纷？

风阁黄昏后，开轩纳晚凉。

月华当户白，何处芰荷香？

一雨初收霁，金风特送凉。

书窗应自爽，灯火夜偏长。

庭下陈瓜果，云端望彩车。

争如郝隆子，只晒腹中书。

九日龙山饮，黄花笑逐臣。

醉看风落帽，舞爱月留人。

昨日登高罢，今朝再举觞。

菊花何太苦，遭此两重阳。

北帝方行令，天晴爱日和。

农工新筑土，共庆纳嘉禾。

帘外三竿日，新添一线长。

登台观气象，云物喜呈祥。

冬去更筹尽，春随斗柄回。

寒暄一夜隔，客鬓两年催。

解落三秋叶，能开二月花。

过江千尺浪，入竹万竿斜。

人在艳阳中，桃花映面红。

年年二三月，底事笑春风？

院落沉沉晓，花开白雪香。

一枝轻带雨，泪湿贵妃妆。

枝缀霜葩白，无言笑晓风。

清芳谁是侣？色间小桃红。

倾国姿容别，多开富贵家。

临轩一赏后，轻薄万千花。

墙角一枝梅，凌寒独自开。

遥知不是雪，惟有暗香来。

柯干如金石，心坚耐岁寒。

平生谁结友，宜共竹松看。

居可无君子，交情耐岁寒。

春风频动处，日日报平安。

春水满泗泽，夏云多奇峰。

秋月扬明辉，冬岭秀孤松。

诗酒琴棋客，风花雪月天。

有名闲富贵，无事散神仙。

道院迎仙客，书堂隐相儒。

庭栽栖凤竹，池养化龙鱼。

春游芳草地，夏赏绿荷池。

秋饮黄花酒，冬吟白雪诗。

xù shén tóng shī

续神童诗

扫一扫　听诵读

第一当知孝，原为百善先。

谁人无父母，各自想当年。

十月怀胎苦，三年乳哺勤。

待儿身长大，费尽万般心。

想到亲恩大，终身报不完。

欲知生我德，试把养儿看。

精血为儿尽，亲年不再还。

满头飘白发，红日已西山。

乌有反哺义，羊伸跪乳情。

人如忘父母，不及畜生身。

奉养无多日，钱财勿较量。

双亲同活佛，何必远烧香？

打骂低头顺，糟糠背自吞。

但求亲适意，吃苦也甘心。

莫说万千差，爷娘总不差。

你身谁养你？禽兽不如么？

父母同天地，良心各自扪。

倘将亲忤逆，头上听雷声。

兄弟休推托，专心服事勤。

譬如单养我，推托又何人？

随父皆为母，何分晚与亲。

皇天终有眼，不负孝心人。

孝子人人敬，天心最喜欢。

一生灾晦免，到处得平安。

人子原当孝，还须新妇同。

一门都孝顺，家道自兴隆。

媳妇孝公婆，神明保护多。

丈夫宜教训，最好一家和。

兄弟最相亲，原来一本生。

兄应爱其弟，弟必敬其兄。

骨肉见天真，钱财勿计论。

同胞看亲面，切戒勿伤情。

式好亲兄弟，休将两耳偏。

至亲能有几，少听枕边言。

同气连枝重，休将姊妹轻。

倘令情意薄，何以对双亲？

伯叔须尊敬，同堂谊最亲。

居家推长上，相待贵殷勤。

宗祖虽然远，逢时祭必诚。

求安须入土，坟墓早留心。

夫妇期偕老，平居贵在和。

一家相忍耐，得福自然多。

家有贤妻子，夫男少祸殃。

水真能克火，自有好名扬。

宗族宜和睦，乡邻要让推。

丝毫存刻薄，怨气一齐来。

婚嫁宜从俭，虚花总不长。

明人暗中笑，何必大排场？

娶妇求贤慧，何须论嫁妆。

且留余地步，日后过时光。

酒肉非朋友，宜防入下流。

时亲方正士，好样自家求。

若到为官日，须知报国恩。

倘令贪与酷，枉读圣贤文。

一入公门里，当权正好修。

好开方便门，阴德子孙留。

男女阴阳判，宜求廉耻全。

男须名是重，女以节为先。

戒尔休贪色，贪来性命伤。

自家有妻女，谁愿臭名扬。

淫乱奸邪事，原非人所为。

守身如白玉，一点勿轻亏。

暗地勿亏心，须防鉴察神。

念头方动处，天已早知闻。

积德终昌盛，欺心越困穷。

还金兼却色，第一大阴功。

戒尔勿贪财，贪财便有灾。

此中原有数，何必苦求来。

财物眼前花，来时且慢夸。

细将天理想，勿使念头差。

酒醉最伤人，胡涂误正经。

况多成痼疾，贻患到双亲。

闲气莫相争，徒然害自身。

善人天保佑，何必闹纷纷。

斗气真愚拙，甘将性命轻。

忘身忘父母，不孝最无伦。

口角细微事，何妨让几分？

从来大灾难，多为小纷争。

官法苦难熬，相争手勿交。

倘然伤性命，谁肯代监牢？

小怨狂争斗，旁人切勿帮。

须知人命重，惹出大灾殃。

莫说他人短，人人爱己名。

枉将阴骘损，况有是非生。

田产休争夺，空将情义伤。

区区身外物，谁保百年长？

争讼宜和息，官司切勿成。

有钱行好事，乐得享安平。

结讼最为愚，家财荡尽无。

可怜忙碌碌，赢得也全输。

唆讼心肠坏，明明不是人。

暗中还取利，壁上看输赢。

天道最公平，便宜勿占人。

天宽并地阔，何弗让三分？

谎话说连篇，难瞒头上天。

倘令人看破，不值半文钱。

度量须宽大，将心好比心。

量宽终有福，何必学凶人。

君子总虚心，轻狂是小人。

回头不认错，薄福少收成。

财势难长靠，欺人勿太狂。

请看为恶者，哪个好收场？

一字千金值，存心莫放刁。

有才须善用，勿使笔如刀。

谁保常无事，平居勿笑人。

自家还照顾，看尔后来形。

花鼓滩簧戏，人生切莫看。

忘廉并伤耻，受害万千般。

淫戏休宜点，何人不动情？

害人还自害，妻女败名声。

莫入赌钱场，如投陷马坑。

终身从此误，家业必消亡。

火化烧棺事，儿孙太毒心。

请君细心想，天理可该应。

溺女最堪伤，心肠似虎狼。

结冤终有报，灾难一身当。

一样皆人命，何分女与男？

母妻都是女，何以两般看？

善事诸般好，无如救命先。

保婴能集会，功德大无边。

万物总贪生，须存恻隐心。

放生堪积德，禄寿好培根。

滋味勿多贪，生灵害百般。

乍过三寸舌，谁更辨咸酸？

禽鸟莫轻伤，轻伤痛断肠。

杀生多减寿，利害细思量。

牛犬与田蛙，功劳百倍加。

一门能戒食，瘟疫免全家。

惜字一千千，应增寿一年。

功名终有分，更得子孙贤。

俭朴最为良，奢华不久长。

粗衣与淡饭，也好过时光。

靡费真无益，十分体面装。

省来行善事，保尔子孙昌。

急难人人有，伤心可奈何？

此时为解救，阴德积多多。

欲望后人贤，无如积善先。

临终空手去，难带一文钱。

生意经营客，钱财总在天。

留心能积德，明去暗中添。

技艺随人学，营生到处寻。

一生勤与俭，免得去求人。

步担肩挑子，全家性命存。

得钱能有几，何忍与他争？

更劝上头人，休将婢仆轻。

一般皮与肉，也是父娘生。

强取人财物，良心坏十分。

银钱虽到手，面目不留存。

何苦学凶人，谋财是黑心。

青天来霹雳，财去命难存。

fù yì wàng ēn zhě　　yuán lái bú shì rén
负义忘恩者，原来不是人。

shì cóng qīng yè lǐ　　xì xì xiǎng píng shēng
试从清夜里，细细想平生。

bān shì bān fēi zhě　　yuān jiā jié zuì shēn
搬是搬非者，冤家结最深。

zhōng xū zhāo è bào　　bá qù shé tóu gēn
终须招恶报，拔去舌头根。

fán shì suí tiān duàn　　hé xū tài rèn zhēn
凡事随天断，何须太认真。

bù fáng ān wǒ fèn　　zuò gè chī kuī rén
不妨安我分，做个吃亏人。

shào xiǎo xū qín xué　　ān xīn jìn xué táng
少小须勤学，安心进学堂。

shū shēng yí xiǎngliàng　　zì huà bì duān fāng
书声宜响亮，字画必端方。

yán yǔ xū hé qì　　yī guān guì sù qí
言语须和气，衣冠贵肃齐。

hǎo jiāng rén pǐn lì　　fāng kě bù yún tī
好将人品立，方可步云梯。

nián shào shū shēng bèi　　yín shū bù kě kàn
年少书生辈，淫书不可看。

àn zhōng duō zhuó sàng　　bái bì kǒng nán wán
暗中多斫丧，白璧恐难完。

guò shī xū dāng gǎi　　rén shēng jǐ shí qiū
过失须当改，人生几十秋。

sǐ shēngyuán dà shì　　jí sù zǎo huí tóu
死生原大事，急速早回头。

zì zhǐ qì huī duī　　zāi yāng jí kè lái
字纸弃灰堆，灾殃即刻来。

好将勤拾取，危难更消灾。

五谷休抛弃，须知活命根。

时时能惜谷，得福更非轻。

天地须知敬，清晨一炷香。

亏心多少事，每日细思量。

同享太平福，人须学善良。

倘为邪教误，何以对君王？

王法宜知畏，奸刁勿逞凶。

欺人心地坏，头上有天公。

共把皇恩报，银漕须早完。

倘然久拖欠，四季不平安。

作恶行凶者，便宜总占先。

一朝灾难到，大错悔从前。

第一伤人物，无如鸦片烟。

此中关劫数，明者避为先。

shī jù　shén tóng　　xù　　liáng yán zhí wàn jīn
诗句《神童》续，良言值万金。

shàn rén zhōng jiū hǎo　　tiān lǐ fú kuī rén
善人终究好，天理弗亏人。

wèi hán shí yù xià　　kǔ rè fù sī dōng
畏寒时欲夏，苦热复思冬。

wàng xiǎng néng xiāo miè　　ān shēn chù chù tóng
妄想能消灭，安身处处同。